VENTE
D'OBJETS
D'AMEUBLEMENT
ANCIENS ET MODERNES

Meuble de salon, Bureau Louis XIV
Bibliothèques, Cabinets, Cheminée, Tables, Glaces, Sièges, Piano
Chambre à coucher et Meubles divers

BRONZES

LUSTRES, CHENETS, FLAMBEAUX STYLE LOUIS XIV

Armes et Objets de la Perse, Porcelaines, Faïences

TAPISSERIES ANCIENNES — TENTURES

Beau Tapis persan du XVIe siècle

TABLEAUX ET AQUARELLES, GRAVURES

LIVRES : Environ 1.000 volumes

HOTEL DROUOT — SALLE N° 6

Les Jeudi 23 et Vendredi 24 Décembre 1897

A DEUX HEURES

Me Maurice DELESTRE
COMMISSAIRE-PRISEUR
Rue Saint-Georges, 5

M. B. LASQUIN
EXPERT
Rue Laffitte, 12

CHEZ LESQUELS SE TROUVE LE CATALOGUE

EXPOSITION PUBLIQUE

Le Mercredi 22 Décembre 1897, de 1 heure 1/2 à 5 heures

PARIS — 1897

IMPRIMERIE MAULDE ET RENOU

MAULDE, DOUMENC & Cie

IMPRIMEURS DE LA COMPAGNIE DES COMMISSAIRES-PRISEURS

Rue de Rivoli, 144. — Paris

CONDITIONS DE LA VENTE

Elle se fera au comptant.

Les Acquéreurs paieront CINQ POUR CENT en sus des adjudications.

MAULDE, DOUMENC et Cie, imp. de la Compagnie des Commissaires-Priseurs, rue de Rivoli, 144. 500—70996

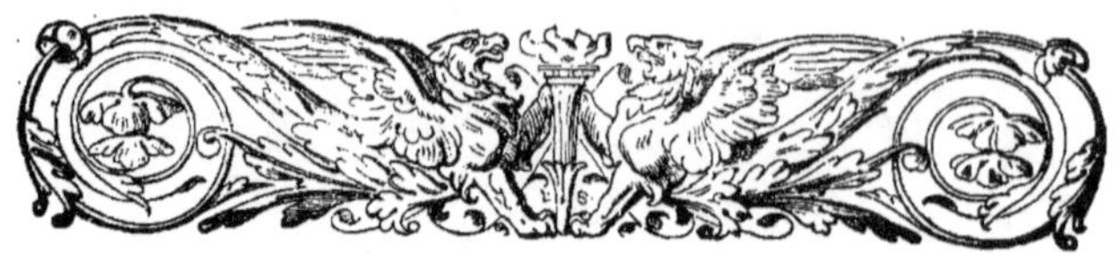

DÉSIGNATION

MEUBLES ANCIENS & MODERNES

1 — Ameublement de salon Louis XV en bois sculpté et doré, garni de velours rouge de même style, composé d'un Canapé, six Fauteuils et quatre Chaises.

2 — Six Chaises légères en bois doré, style Louis XV, garnies de soierie de nuances variées.

3 — Trois Fauteuils capitonnés en soie ancienne.

4 — Deux Fauteuils de bureau, style Louis XVI, en acajou, garnis d'étoffe brochée.

5 — Bureau plat Louis XIV en bois noir orné de bronzes, chutes à têtes de femmes.

6 — Table à jouer, style Boulle, à pieds gainés en bois noir, ornée de bronze doré.

7 — Deux Bibliothèques en bois noir sculpté, genre Renaissance, le haut ouvrant à une porte vitrée et surmonté d'un fronton cintré.

8 — Table italienne Renaissance à quatre pieds sculptés.

9 — Bibliothèque à hauteur d'appui, à trois vantaux surmontés de tiroirs, en bois d'acajou avec ornements sculptés.

10 — Table style Henri II, à rallonges, en chêne ciré, à neuf pieds reposant sur des traverses.

11 — Petite Armoire à accrocher en bois noir sculpté avec médaillon de l'époque Louis XIII, en ébène, offrant en bas relief un sujet mythologique.

12 — Petit Cabinet Louis XIII à quatre tiroirs, en écaille et bois noir, avec son support.

13 — Miroir à bordure style Louis XIII, en bois gravé.

14 — Glace . bordure style Louis XIII, à moulures guilloc' es.

15 — Support chinois en bois sculpté à dessus de marbre.

16 — Cabinet en laque et burgau, ouvrant à abattant et garni de tiroirs à l'intérieur.

17 — Bureau Louis XV à abattant, en bois noir garni de bronzes.

18 — Table à pieds tors en bois noir.

19 — Guéridon en bois noir.

20 — Petite Armoire à glace en bois noir gravé.

21 — Bibliothèque à trois vantaux, en acajou.

22 — Table à ouvrage, genre Louis XV, en bois de rose, garnie de bronze et de plaques de porcelaine.

23 — Table de salle à manger en bois noir.

24-25 — Deux Glaces de style Louis XIV, dans des cadres à frontons ajourés, en bois sculpté et doré.

26 — Glace dans un cadre Louis XIII, en bois noir guilloché.

27 — Revêtement de cheminée en bois sculpté, le haut formant étagère, genre oriental.

28 — Table de salon style Louis XVI, en bois marqueté orné de bronzes.

29 — Grand Fauteuil style Louis XIII, en bois sculpté garni d'étoffe fond vert à fleurs.

30 — Piano en palissandre de Roller et Blanchet.

31 — Ameublement de chambre à coucher en palissandre, composé d'un Lit, une Armoire à glace et une Commode.

32 — Table à jouer en palissandre.

33 — Un Paravent.

34 — Coffre à bois en chêne avec ferrures.

35 — Armoire à linge en acajou à portes pleines.

36 — Petit Buffet en chêne sculpté.

37 — Porte-Manteau et Porte-Chapeaux en chêne.

38 — Meubles divers, Sièges, etc.

39 — Six Fauteuils en tapisserie de soie à fleurs, du temps de Louis XVI.

40 — Un Support Empire en acajou.

41 — Un Support en bois de placage du XVIIIe siècle.

42 — Six Patères en bronze doré Empire.

43 — Pupitre en acajou.

BRONZES

44 — Grand Lustre, style Louis XIV, à 25 lumières, en bronze, garni de cristaux plaquettes et pyramides.

45 — Deux beaux Chenets, de style Régence, en bronze doré, formés par des sphinx couchés.

46 — Deux Flambeaux Louis XVI, en bronze doré, à tiges cannelées.

47 — Encrier, style Louis XIV, en cuivre doré, à deux godets, et une Sonnette sur un plateau.

48 — Suspension-Lustre de salle à manger, en bronze.

49 — Pendule, deux Candélabres et deux Flambeaux, à figures d'enfants, en bronze et marbre.

50 — Galerie de foyer, en bronze, à volutes et fleurs.

51 — Deux paires de Flambeaux niellés.

52 — Bénitier en bronze argenté, à figure de Vierge.

53 — Crucifix en bronze.

54 — Deux Flambeaux, de style Louis XIII, en cuivre.

55 — Deux petits Vases en bronze du Japon.

56 — Petit Taureau romain, de Clésinger, en bronze de Marnyhac.

57 — Presse-papier en bronze : figure de porteur d'eau.

58 — Deux paires de Flambeaux, de l'époque Louis XVI, en cuivre, tiges à cannelures.

59 — Lustre hollandais, à 12 lumières, en cuivre.

59 *bis* — Cartel de l'époque Louis XVI, en bronze doré, orné de volutes et surmonté d'un vase à guirlandes de lauriers.

ARMES ET OBJETS D'ORIENT

60-67 — Panoplie d'armes orientales et européennes, composée de trois Poignards persans damasquinés d'or, deux Pistolets d'arçons Louis XV, deux Rapières, quatre Hallebardes, un Casque, un Bouclier, un Hausse-col, deux Brassards.

68 — Sabre turc ancien à lame courbe.

69 — Rondache persane, en acier gravé et damasquiné d'or.

70 — Plat italien du XVIe siècle, en cuivre jaune repoussé, à bossages.

71 — Deux Bassins persans en cuivre gravé et doré.

72 — Trois Pieds de Coupes en cuivre gravé et doré, de travail persan, avec Coupes en faïence artistique, de style oriental.

73 — Bassin persan du XVIe siècle, en cuivre gravé et incrusté d'argent.

74 — Plateau en mosaïque de Bombay.

75 — Deux Flacons persans en cuivre gravé.

76 — Kalhian persan en métal.

77 — Deux Bougeoirs, genre Renaissance, en cuivre.

PORCELAINES ET FAIENCES

78 — Jardinière en porcelaine de Chine, décor bleu à arabesques.

79 — Coupe à six lobes, en porcelaine du Japon décorée en couleurs.

80 — Bouteille en porcelaine de Chine, vert olive, avec dragon en relief.

81 — Deux Potiches, couvertes en porcelaine du Japon, à décor en relief; montures en bronze.

82 — Grand Plat en vieux Japon, décoré en couleurs, avec vase au centre entouré d'ornements. Socle en bois.

83 — Coupe en vieux Japon sur pied en bronze.

84 — Deux grands Cornets japonais.

85 — Buire en vieux Japon, avec bec en argent.

86 — Deux Cornets en vieux Japon.

87 — Coupe carrée en ancienne porcelaine de la Compagnie des Indes, à décor bleu.

88 — Seau en vieux Rouen, décor bleu à armoiries.

89 — Grand Plat en faïence de Savone.

90 — Deux Plaques rondes en faïence de Castelli à sujets de figures.

91 — Deux Vases balustres, carrés, en vieux Chine, décorés en émaux roses.

92 — Deux Plats en faïence de Rhodes, à décor d'œillets et rehauts de dorure.

93 — Plat en faïence italienne, à décor bleu.

94 — Deux Jardinières appliques en faïence de Milan, avec supports en bois doré.

95 — Porcelaines du Japon : Vases de divers décors.

96 — Jardinière en faïence moderne.

97 — Verres de Venise.

DIVERS

98 — Quatre Poupées anciennes.

99 — Cinq Verres gravés anciens.

100 — Douze Plaquettes en Sèvres.

101 — Jeu de Petits chevaux.

102 — Cor ancien en cuivre.

103 — Deux Broches en or.

104 — Boutons en cailloux du Rhin.

105 — Trois Coquetiers en filigrane.

TAPISSERIES ANCIENNES

106-107 — Deux Tapisseries d'Aubusson du XVIIe siècle, paysages avec oiseaux, encadrées de bordures à fleurs et ornements.

108 — Portière en tapisserie ancienne.

ANCIEN TAPIS DE PERSE

109 — Très beau Tapis persan velouté du XVIe siècle, offrant un décor symétrique d'arabesques en couleur sur fond rouge et encadré d'une large bordure d'ornementation analogue. Long. 2^{m}65 ; larg. 2^{m}20.

TENTURES ET TAPIS

110 — Deux Rideaux avec lambrequin en soierie de style Louis XV, brochée à fleurs sur fond crème.

111 — Tenture de portes en soie bleu clair.

112 — Portière persanne.

112 *bis* — Deux grandes Portières bordées de bandes en imitation de tapisserie ancienne, avec lambrequin soutaché.

113 — Deux Rideaux-portières et un Bandeau en imitation de tapisserie Louis XIV.

114 — Rideaux en panne rouge.

115 — Tenture de lit et d'une fenêtre, en étoffe imprimée à fleurs.

116 — Rideaux de baie en reps à bandes de velours rouge.

117 — Grande Carpette genre Smyrne.

118 — Grand Tapis d'Aubusson, à fleurs.

TABLEAUX

119 — Tableau par Karl Bodiner : *Cerf et Biches sous bois.*

120 — Tableau par Karl Bodiner : *Berger et bestiaux en forêt.*

121 — Dessins par Fichel : *L'Amateur de Miniatures.*

122 — Deux Tableaux par Van der Burch : Vues du lac de Côme et du lac Nemi. Forme ovale en longueur.

123 — Deux Paysages des Alpes, par Van der Burch. Forme ovale en hauteur.

124 — Deux grands Paysages : vues de Sicile, par Van der Burch.

125 — Aquarelle par Ch. Corbin : Scène Louis XIII, de trois figures : *La Présentation.*

126 — Deux Portraits de Femme et d'Homme, époque Louis XVI. Forme ovale.

127 — Six Aquarelles par Eug. Flandin : Vues de Constantinople et d'Orient.

128 — Dessins d'architecture encadrés.

129 — Dessins en feuilles par Belon, Balluriau et autres.

130 — Gravures en portefeuille.

131 — Gravure par Henriquel Dupont : *L'Hémicycle des Beaux-Arts*, d'après Paul Delaroche. Très belle épreuve encadrée.

132 — Gravure avant la lettre : *La Gimblette*, d'après FRAGONARD.

133 — Les *Contes de Perrault* illustrés, par Gustave DORÉ.

134 — Douze Almanachs sur le théâtre.

135 — Photographies encadrées.

FOURRURES

136 — Grand ours (ours grizzly) naturalisé.
Renard naturalisé.
Ourson naturalisé.
Tête de loup de Hongrie.
Tête de loup russe.
Tapis singe d'Abyssinie.
Couverture renard de Virginie.
Couverture marmotte.
Couverture arêtes skunks.
Tapis queues de marmottes.
Peau alpaga blanc.
Peau alpaga noir.
Couverture skunks.
Tapis damier, Fourrures diverses.
Couverture guanaco.
Peau de tigre du Bengale.
Peau de panthère, tête naturalisée.
Deux Nappes civette lyre.

Écusson aigle russe, agneau blanc, palmes vison.

Écusson aigle russe, astrakan et hermine.

Nappe Hamster.

Peau de glouton.

Tapis renard blanc.

Peau de renard croisé.

Deux peaux de chat-tigre.

Peaux de faon mort-né.

Sept queues de loup, dont une montée.

Quatre peaux d'herminette.

LIVRES

137 à 200 — Environ **1,000 volumes,** la plupart bien reliés : Gazette des Beaux-Arts depuis l'origine. — Revue des Deux-Mondes. — Œuvres de Paul Lacroix, Charles Blanc. — Viollet-le-Duc : Dictionnaire d'architecture et Dictionnaire du mobilier. — Gailhabaud. — Jules Labarthe : Revue des arts industriels. — Œuvres de Thiers, Guizot, Michelet, etc., nombreux ouvrages sur la littérature, l'histoire et les beaux-arts, en belle condition.